मेरी अनुभूति

अभिषेक मिश्रा

आप सबके भीतर बैठे भगवान को समर्पित.........

"न भाषा भाव शैली है, न कविता सारगर्भित है,
हृदय का प्रेम है, जो आपको सादर समर्पित है!"

"न गीत आते है न गजल को लिखता हूं मै,
अनुभूति जागी थी जिसे यहां कहता हूं मैं!"

- अभिषेक

क्रम-सूची

क्रम-सूची

क्रम-सूची

प्रस्तावना

मेरी अनुभूति.........

अनुभूति (Feeling) किसी एहसास को कहते हैं। यह विचारों से पैदा होने वाली भावनाओं से उत्पन्न हो सकती है। इस पुस्तक में मेरे अनुभव भी है और मेरी अनुभूति भी , परंतु मेरा ऐसा मानना है की अनुभूति(एहसास) व्यक्ति को वो अनुभव करा सकती है , जो इस दुनिया में हो ही ना!

अनुभूति के कई प्रकार है एक अनुभूति किसी के माध्यम से जन्म लेती है , एक अनुभूति बिना किसी माध्यम से आती इसके लिए किसी दूसरे की आवश्यकता नही है।

"अनुभूति मर कर ही अनुभव को जन्म देती है"

आपकी किसी के प्रति अनुभूति प्रेम की है तो अनुभव सुखद है , अगर अनुभूति वियोग की है तो अनुभव दुखद होगा !
अनुभव आपके शारीरिक अंगों से विदित होता है , जिसमे पांच इंद्रियों (sense organs) की जरूरत होती है परंतु अनुभूति छठी इंद्रिय (sixth sense) की देन है।

"

'अनुभूति' हो तो पत्थर में भी ईश्वर दिखते है!

'अनुभूति' भिखारी के हृदय में भी राजसी ठाठ बाट उत्पन कर सकती है!"

इसलिए पुस्तक का शीर्षक "मेरी अनुभूति" है!

-अभिषेक मिश्रा

कृष्णं वन्दे जगद्गुरुम्

1. श्री कृष्ण

श्री कृष्ण करते है कृपा अनंत,
बस पात्रता का आदी होना चाहिये,
द्रोपदी के धागों के मूल पे चीर - असंख्य किया,
सृष्टी के साहूकार जैसा व्यापारवादी होना चाहिये!

गोपियों को गोकुल मे अधीर देख व्याकुल हो चलें है,
प्रेम में मोहन सा परस्परवादी होना चाहिये,
गोपिकाओं को अध्यात्म ज्ञान और ऊधो को प्रेम रीत,
बोध कराने में योगेश्वर कृष्ण सा अवसरवादी होना चाहिये!

2. आन

मानव के जीवन का है द्वंद चरम युद्ध के समान,
ऊपर तो सुंदर काया है अंदर जख्मों के निशान,

हम हैं बस न्युन बाण सक्षम है केवल वो कमान,
रक्त बिंदु से जन्म लिया है अंत मिलेगा शमशान,

निर्माण विखंडन ही है शास्वत जीवन का विधान,
आश्रित निराश्रित होते है निर्भर समय की लंबान,

संकल्प यात्रा शुरू हुई जब रचा जीवन का उठान,
चिंताएं जन्म तभी लेगी भूलोगे अगर तुम वर्तमान,

संपूर्ण विश्व है एक मंच होता है जीवो का मिलान,
कुछ के कर्मों से ऊर्जा होती कुछ बढ़ा देते थकान,

पुण्य पाप के उहापोह में शामिल होंगे सारे इंसान,
विधि है निश्चित तो मेहनत क्यों करता हर किसान,

भूल चुके मूल वस्तु जैसे रोटी कपड़ा और मकान,
हम मंदिर जाते मांगने जैसे वो दर हो कोई खदान,

छल कपट अब देखने पर न अब होता कोई हैरान,
खो चुकी है सबकी मुस्कान जीवन तो है घमासान,

जीवन जीने की शैली में हो पंछी के जैसी उड़ान,
सब कर्म होंगे सात्विक तो अवश्य मिलेगा सम्मान,

पिछले कर्मों के सुख दुख का ही मिलता है लगान,
परोपकार में न होना मेहमान बनना जाना मेजबान!

3. ईश्वर

इशारों और किनारों ने लुटेरों सा किया मुझको,
स्तब्ध अंधेरों सा सवेरो सा चंचल किया मुझको,

ग्लानि ने जताया फिर कहा तक डूब सकता हु,
प्रश्नों की खाई में प्रायश्चित ने ऊपर किया मुझको,

हर द्वंद और हर प्रश्न किसी मृत्यु से न कमतर है,
मगर इस खोज में गीता ने तार्किक किया मुझको,

नास्तिकता के इस गंभीर युग में कैसे बनूं श्रोता,
वेदों के ज्ञान ने तुमपर समर्पित है किया मुझको,

जी करता है की करदू ये जीवन तुमको अर्पित,
मैं क्या दू उसे जिसने है अंकुरित किया मुझको!

4. सत्य

यूं निष्कपट तू भाव की गरिमा बनाता चला जा,
युगों की कुरीतियों से स्वयं को निखारता चला जा,

हो अदम्य साहस जो धरा के वीरों को है सजाती,
ऐसे दिनकर और निराला की मशाल लेकर चला जा,

हो राष्ट्रनिर्माताओं सी अनूठी प्रबलता अधर में,
हो मुनियों सा हठी जो बैठे है हिम के प्रवर में,

नहीं ये सोभती है तुझको कायरता कभी,
तू हर वस्तु हर स्थान का हो सकता नहीं,

यूं तुझे तो सिर्फ अपनाना सिखाना है उसे,
जो स्वयं को अर्पण करें और हृदय से आभारी रहे,

वो जो स्वयं के मा बाप को है रख ना सका,
हे धरा वो व्यक्ति तुझको क्या देगा भला,

अमिट छाप लिख दूं अपने कामों से,
नहीं पा सकता पालूं पंखों की उड़ानों से,

कभी हारता हूं खुद से तो उठ खड़ा होता हूं खुद से,
सदैव वंचित कौन रहा है सुख से,

आज तिमिर की छांव है कल उजियारा आएगा,
उम्मीदों के सहारे मनुष्य सब कुछ पाएगा,

कुछ बोलेंगे कुछ कोसेंगे कुछ तो पूरा तोड़ेंगे,
हे शून्य के दीप शिखर तेरे प्रकाश को कौन दबाएगा,

तू सर्वत्र बना सकता है अपनी कीर्ति की मशाल,
खुद को कर स्थापित तू सर्वोच्च शील के पार!

5. चाहते हो अगर तुम सबके साथ बने रहना

चाहते हो अगर तुम सबके साथ बने रहना,
झूठ कहना सच पीना बातो में हामी भरना,

नहीं चहिए यहाँ किसी को सच का दर्पण,
सभी है लालची पर तुम उन्हें दानी कहना,

इन्हे वास्ता खुद से और खुद के स्वार्थ से,
है नास्तिक वो पर तुम उसे पुजारी कहना,

यूं तो रिश्ते अब बनते है मतलब के लिए,
शत्रुता को देखना पर उसे दोस्ती कहना,

तमाम उम्र इन्होंने रौंदा मतलब के लिए,
उजड़े वन देखना उसे संरक्षणवादी कहना!

6. जीवन

सरगम के तराने जैसे नादान है दीवाने ,
मरघट ही अनंत है बतलाते सब परवाने,
हर राह है तिलिस्मी दिल सारे कारखाने,
कौन बताएगा हकीकत अब कहा पैमाने,

राह की अड़चनों को कर दिया है आधा,
जिन हाथों ने थामा उन्हें दिल से है बांधा,
अब स्वार्थी भीड़ में अंत देगा कौन कांधा,
जीवन के दो सत्य है एक श्याम एक राधा!

7. जाओ जाओ

मेरी बेबसी पे तरस मत खाओ,
जो हु जैसा वैसा ही अपनाओ,
मैं जीयूंगा जिंदगी अपने हाल पर,
जाओ जाओ किसी और को समझाओ!

तुम्ह होगे अव्वल पर न तुम इतराओ,
ज्यादा गजलो और नज्मों को न महकाओ,
हाल देखा शिव , मीरा और मजाज़ का,
जाओ जाओ साहित्य प्रेम न दिखलाओ!

होंगे रुकसत अगर हम इस जहां से,
लेंगे फुर्सत हम जारी इस घमासान से,
है नहीं कोई हिज्र में जों मातम करे,
जाओ जाओ अब मुझे न अपनापन दिखाओ!

जाओ खोजो अपने भीतर भगवान को,
हो सके तुम तो मारो खुद के हैवान को,
है सभी यहां कांटे खुद गुलाब के भेस में,
जाओ जाओ क्यों ना खुद का फूल मुरझाओ!

रुख से रुखसत लगे और फिजाएं अलग,
हो पांपो के आगे रही जैसे शाकल सुलग,
है जरूरी नही समान मूहर्ततो का दस्तक,
जाओ जाओ न ये धार्मिकता हमे दिखलाओ!

मैं तुम्हे गाता रहूंगा!

8. मुझे दिल में बसाए रखना तुम

केशों की छांव में रखना तुम,
नजरों के सामने रखना तुम,
मैं मांगू इजाजत तुमसे अगर,
तो दिल में बसाए रखना तुम!

बातें कम हो जाए मगर,
तू दूर हो जाए मुझसे अगर,
यह रिश्ता बनाए रखना तुम,
मुझे दिल में बसाए रखना तुम!

मुझे तुमसे शिकायत थी पहले,
जैसे मैंने कहा तू भी कह ले,
मत हो नाराज न कर मुझे गुम,
मुझे दिल में बसाए रखना तुम!

तेरा चेहरा जैसे सब कुछ हो,
मेरी धड़कन सांसे तुम ही हो,
फिर क्यों दूर हो मुझसे तुम,
मुझे दिल में बसाए रखना तुम!

9. ऐसे मौसम में मदहोशी दिखलाई जाएं

ऐसे मौसम में मदहोशी दिखलाई जाएं,
जाम का जाम हो लबों से पिलाई जाएं,
बना कर रखीं हैं, एक ताजा नज़्म मैंने भी,
आपको को देखकर क्यों न सुनाई जाएं!

जवां दिलों में बेचैनी की आग लगाई जाएं,
तू मिल जाए वो रेख हथेली में बनाई जाएं,
जो कभी हम तुम न भूल पाए आजीवन,
हजार रातों की एक रात बिताई जाएं!

लब से लब और जुल्फों से जुल्फें मिल जाए,
तेरी बांहों में मेरी बाहें हो तू इनमे सिमट जाए,
मेरे खयालों में तेरा रोज आना जाना है,
मेरा नाम तेरे नाम से जुड़कर अमर हो जाए!

कब तक भागेंगे क्यों न हकीकत अपनाई जाए,
झुठो के बीच क्यों न शराफत दिखाई जाए,
हमे तुमपे शक नही है बस खुद पे यकीन है,
मगर मरीज को तेरे लबों से दवा पिलाई जाए!

10. प्रेम

प्रेम का वो धागा बंधा ही रहा,
मुक्त होकर भी उससे मैं उसका रहा,
मैंने कीमत कभी उसकी समझी नहीं,
बाद में मुझको एहसास होता रहा!

वह मुझे भूल कर उसका होता रहा,
उससे मैं हार कर खुद में जीता रहा,
रुक गए हैं प्रहर थम गया है शमां,
बिखरे हो दिल के टुकड़े जहां के तहां!

मैं तो दुनिया में अपनी ही घूलता रहा,
तुझको ना सुनके मैं सबकी सुनता रहा,
हूं गमों को संजोए मैं दिल में यहां,
अब तो जीवन में बाकी है उसके निशां!

11. तुम खामोशी पढ़ लेती हो

तुम खामोशी पढ़ लेती हो,
तुमसे क्या मैं हाल कहूं,
सुन लेती हो सांसे भी तुम,
चेहरा भी तुम पढ़ लेती हो,

ढलती जाती जीवन लौ है,
ये शाश्वत प्रेम तुम्हारा है,
मिलती रहती बाते तेरी,
ख्याल अब भी तुम्हारा है,

हर दिल की धुन बजती है,
हर सपना अधूरा रहता है,
जब मुझे तुम देते दर्शन,
जग से जंग फिर ठनती है,

क्या मैं लिखूं अपनी बाते,
क्यों मै कुरेदु अपना कल,
तुम में मै हु डूब गया अब,
सागर में शामिल जैसे जल,

एहसास होता हैं अक्सर,
की शायद मेरी याद आए,
यादों में मन उसके तैरकर,
शायद दिल के बाहर आए,

कितनी सुंदर मूरत थी वो,
ईश्वर की वो अनूठी कृति,
चंचल चितवन चपला वो,
नही वैसी कोई दिल में बसी!

12. कानों की बालियां

आखें अच्छी लगी चेहरा अच्छा लगा,
केश ऐसे लगे हो जैसे मेघ बढ़ चला,

कानों की बालियां मुझको ऐसी लगी,
जैसे चपला कि कोई है अनूठी कला,

है अनुपम वो जग से इन्द्र की अप्सरा,
है तभी साथ पाकर उसका मै हु जला,

सभी बातों में इकरार उसके है हुस्न का,
मैं दीदार करके बस उसका था बन चला,

तेरे पायल की खनक है कानो को पड़ी,
उन धुनों की सरगमो को हा मैं हूं रट चला,

मैने समझा था जैसा तुझे तू है वो ही बला,
तू मुझे भी अपनाकर के करदे मेरा भला!

13. इधर - उधर

इधर लग रहा है मन भी,
इधर तो सब सपना सा है,
उधर हो रहा है कुछ भी,
या उधर भी मेरा नगमा है,

इधर अल्पमत है सरकार भी,
इधर तो महंगाई यादों की है,
उधर चुनाव होगा पद का भी,
या उधर भी इमरजेंसी लगाई है,

इधर जिक्र होता है तेरा भी,
इधर हम वादों पे चलते है,
उधर फिक्र है क्या मेरी भी,
या उधर भी नए वादे मिलते है,

इधर मन है नही होकर भी,
इधर बस सब गुज़र रही है,
उधर क्या हो मुझे सुनती भी,
या उधर भी आप बोल रही है,

इधर रोज मुखातिब है नए भी,
इधर हम कौन सा अकेले है,
उधर तुम्हे कोई मिला होगा भी,
या उधर भी सब तेरे चेले है!

14. पुकारता रहा मैं तुझे

पुकारता रहा मैं तुझे शाम ढल जाने के साथ,
ढूंढता रहा मैं खुद को तेरे चले जाने के बाद!

मेरे इंतजार की कोई इंतहा नहीं हुई,
साथ छूटता रहा मेरी आंख नम नहीं हुई,
यूं खोया रहा मैं तुझ में तेरे आ जाने के बाद,
ढूंढता रहा मैं खुद को तेरे चले जाने के बाद!

तुम नहीं हो इस जगह में और मैं तुम्हारा हूं,
फिर भी हूं मैं खुश विरह में मैं नहीं हारा हूं,
तुझे सब मान बैठा तुझसे मिल जाने के बाद,
ढूंढता रहा मैं खुद को तेरे चले जाने के बाद!

15. आप से दिल का सौदा कर लिया

आप को पाने में सफल न हुए,
आप से दिल का सौदा कर लिया,
यूं तो रहते है वो मुझमें हरदम,
तो खुद से मैने किनारा कर लिया,

दिया है मैने हर ख्वाब में कांधा,
तूने न थामा मैने ये भी अपना लिया,
इससे अच्छा तो मै खुद का रहता,
मैने किसे अपना सबकुछ बना लिया,

आदत बनाकर भूलने को कहते हो,
समंदर ये जहां तुझे माझी बना लिया,
तुम त्याग को साधारण समझते हो,
तुम्हे त्याग कर असाधारण बना लिया!

16. आंखों में नशा होता तो आंखों से मै पी लेता

क्यों रातों को ढूढने में सितारों को मैने खोया,
क्या बात थी जरूरी के जरूरत को मैने पाया,
निराशा और वेदना की चीख के दब जाने का,
भुला मुझे क्यों हर सखा वो भी मुझे हर दफा!

हा चाह थी मुझे जग की सब वास्तु पा लेने की,
कब है कौन किसने जो सब कुछ हो यहां पाया,
फिर भी निराश होने से क्या होगा आदमी का,
नहीं रहना इस बोझ में न होना है कभी खफा!

किस्मत को दोष देकर क्यूं हार मान लेना है,
सोऐ भाग जगाने को पारस है किसने पाया,
हर हाथ है सशक्त खुद के भाग्य गढ़ने का,
जिए जाओ उम्र भर न जिओ देख कर नफा!

आंखों में नशा होता तो आंखों से मै पी लेता,
लबों की बात क्या कहूं ये जुर्म कौन करता,
शायद यही रहा मुझे खौफ उसके होने का,
मांगा है हर दफा क्यों कर दिया रफा दफा!

17. यादों में बसी है ये बाते तेरी

यादों में बसी है ये बातें तेरी,
दिल में छिपी है ये यादें तेरी,

क्या तुम फलक में जा छुपी हो,
मुझसे दूर होकर कहा जा चुकी हो,
मैं हर वक्त संभल कर भी गिर जाता हूं,
ऐसी है ये कातिल अदाएं तेरी!

यूं तन्हा यू रूठा बैठा हूं जग से,
अब सब चेहरे मुझे दिखते हैं तुझसे,
न शिकायत है तुझको ना गुस्सा है मुझको,
ऐसी कहानी है तेरी और मेरी!

18. भाता मुझे तू

भाता मुझे तू , ये तो मेरी कहानी!
तू है सिर्फ मेरी , ये है मेरी जुबानी!

बात को तू जान मेरी जब समझ पाएगी,
उसी दिन मेरी कीमत जरूर जान जाएगी,
पता तुझे तो है फिर क्यों है कुंडली मिलानी,
भाता मुझे तू, ये तो मेरी कहानी!

मुझे तुम समझकर सनम अपना बना लो,
पढ़ लो मुझको ऐसा तुम की आयत बना लो,
जिंदा है हम तुम फिर क्यों बनानी निशानी,
भाता मुझे तू , ये तो मेरी कहानी!

मैं हूं वो किस्सा जो तुम्हारा है पसंदीदा,
तुम जो हो हिस्सा मेरा है सबसे संजीदा ,
कीमती हो तुम क्यों सूरत है सबको दिखानी,
भाता मुझे तू , ये तो मेरी कहानी!

तुमने है माना मुझको तुमने संभाला,
रकीबो की सफ से तूने मुझे है निकाला,
अब आगे भी तुझको यह है आशिकी निभानी,
भाता मुझे तू , ये तो मेरी कहानी!

मैंने है सोचा कब से दिल की कहेंगे तुमसे,
बगल में तुम होगी और ऐलान करेंगे सबसे ,
अब कहानी की अपने मुझको है नज्में गानी,
भाता मुझे तू , ये तो मेरी कहानी!

19. ये मस्तमौला नजारे

मस्त मौला नजारे हम तुमको है पुकारे,
दिल ने रोका बहुत है,
हम खुद को यूं है संभाले!
ये मस्तमौला नजारे!

जान तुम मेरी सुबह हो हम शाम तुममें गुजारे,
इश्क तुमसे बहुत है,
पर खुद को क्यों है संभाले!
ये मस्तमौला नजारे!

चाहतों से भी ज्यादा अवसाद है अब हमारे,
माना तजुर्बा बहुत है,
पर मुझको तू है संभाले!
ये मस्तमौला नजारे!

सिर्फ शब्द मेरे है मगर सब छंद है ये तुम्हारे,
माना तू कल्पना है,
ये ख्याल ही मुझे संभाले!
ये मस्तमौला नजारे!

तुझे हर किसी में ढूंढे हर सूरत है हम निहारे,
माना तू ओझल है,
यह जरूरत ही मुझे संभाले!
ये मस्तमौला नजारे!

मैं तुम्हे लिखता रहूंगा!

20. हमे मिला वो हमे मिला नहीं

वो जो हमे मिला वो हमे मिला नहीं,
मुझे भी तेरे रुख से कोई गिला नहीं,

साथ चलना तुम कभी दो चार कदम,
इक मर्तबा में कोई पत्थर हिला नही,

तुम मिल जाओ जरा अब दूरी कैसी,
कोई पुष्प बिना बसंत के खिला नही,

सिर्फ दुख ही सबब नही मोहब्बत का,
कई नावों को कभी केवट मिला नही,

है तो सभी यहां पर रईस हर मायने में,
पर कुछ ने खुद्दारी में दामन सिला नहीं,

मुझे है उम्मीद मैं जीयु और जीता रहूं,
जिंदगी बस बेबसी का जहर पिला नही!

21. मैं तुम और हम

तुम को हम करते करते हम अब मैं हो गए है,
हाथो में था हीरा अब वो भी हाथ रेत हो गए है,

तुमसे मिलने पर खुद को दिए दिलासा बहुत,
जैसे किनारे पर होकर समंदर को सींच रहे है,

मानकर तेरी हर इल्तज़ा को हम सनम,
पतझड़ के जैसे खुद तुझसे अलग हो रहे है,

यार एक तुम हो जो मुझमें मुझे नहीं ढूंढ पाती,
जमाने वाले तो न जाने कौन कौन से ऐब ढूंढ रहे है,

हुई हो सदियां मानो हमे तुझ से बिछड़कर,
हम ना मुराद उंगलियों पर एक एक दिन गिन रहे है,

चाहते तो हम भी थे की कही रंगीन शाम बीते,
मगर तेरी याद में दिल पे गजल के मिसरे लिख रहे है,

खैर खुद को अब समझाना क्यों और किस लिए,
अब बस तेरे इंतजार में यादों का अभिषेक कर रहे है!

22. उलझन

क्यों धड़कन भाग रही है,
क्यों छाई परेशानी है,
क्या ये तेरी यादों की निशानी है,
मैं टूट रहा हूं रेत सा,
फिर हवा से छन जाता हूं,
पाता हूं तुमको,
क्यो तुम में ही डूब जाता हूं,
सजाता हूं मैं बगीचा,
कुछ फूल किस्तों में ले आता हूं,
इल्तजा इत्तेफाक से हुई,
तुझे सोचने की,
मैं इबादत में तुझे पाता हूं,
कश्मकश हर कश लगता है,
धुएं के बादल सा कमरा नजर आता है,
मांगना मिलना मुकरना मिन्नते करना,
मैं सब करू फिर भी,
तुम मुझसे मत मिलना,
मिलने में तुम डूब सकती हो,
अश्कों की लहरों में उलझ सकती हो,
होने को बहुत हो सकता है,
करने को बहुत कर सकती हो,
शायद मेरी कुछ होंगी निशानी,

जो मालूम हो तुमको,
बता दो,
मुझे अब वो भी तो है आखिर मिटानी,
तुम अंधेरा कर गई मुझमें,
क्यों नूर ऐ कहकशानी,
मेरी लिखते लिखते,
फिर कब आंख लग जाती है,
क्या तुम्हे भी,
इसी तरह मेरी याद आ जाती है,
अच्छा है सब बहुत अच्छा है,
दिल कुछ दुखी है,
लेकिन सब बहुत अच्छा है!

23. आज फिर

आज फिर, मेरी आंखें हो गई नम,
आज फिर, उसने मेरा हाल पूछा है,

आज फिर, उसने आखिर कह दिया,
आज फिर, साथ उसके कोई दूजा है,

आज फिर, वो बोली तुम्हें कैसा गम,
आज फिर, मेरा झूठ काम आया है,

आज फिर, हुआ जिक्र उन यादों का,
आज फिर, यादों से मन ने नहाया है,

आज फिर, मैने पूछा सबकुछ उससे,
आज फिर, उसने कम ही बताया है,

आज फिर, वो कयामत आंखें दिखी,
आज फिर, उसने नजरो को चुराया है,

आज फिर, मुझे सोचने का मन हुआ,
आज फिर, मैने दिल उससे छुड़ाया है,

आज फिर, वो मुझे जा रही छोड़कर,
आज फिर, दिल उसे विदा दे आया है!

24. मेरा तो हर शब्द है उसके लिए

मेरा तो हर शब्द है उसके लिए,
इसके सिवा कहां है देने के लिए,

मुस्कुराहट सबके लिए होती है,
और आंसू किसी खास के लिए,

अक्सर जब सब रुलाते है तो वो,
पोछता है आंसू मेरे सबके लिए,

खास बात है उस खास शक्स में,
आम बाते उसकी खास मेरी लिए,

ऐसा नहीं की उससे इश्क है मुझे,
है रिश्ता वो रहेगा उम्र भर के लिए,

मै अक्सर बंद किताब सा रहता,
ये पन्ने खुलते है सिर्फ उसके लिए,

मुस्कुराहट भी अब तो उसकी है,
पर ये आंसू हां नहीं है उसके लिए,

अजीब रुख है दुनिया का आखिर,
'अभी' जिएगा किस किस के लिए!

25. तेरे ख्वाबों का टूटा हुआ तारा तन प्पाऊँ

तेरे ख्वाबों का टूटा हुआ तारा तन प्पाऊँ,
तू कहदे जिंदगी का तेरे सहारा बन जाऊ,

तुझे खामोशी है पंसद तो आँखों से खेल,
मैं उस खेल को कोई इशारा बन जाऊ,

तुझे है डर दुनिया से क्योंकि ये है भंवर,
इशारा तो कर मैं तेरा किनारा बन जाऊ,

तमाम उम्र रिश्तों को भी समझना पड़ता है,
दूसरे का हूं पर तू कहे तो कुंवारा बन जाऊ,

मुझे है चाह की मैं अपनो के साथ जीयु,
करो तस्लीम तुम तो मैं बंजारा बन जाऊ,

जानने वाले मुझे जानते है मेरे निवास से,
मैं ढूंढते हुए तुझे कहीं न आवारा बन जाऊ,

उम्मीद छूट रही मेरी जैसे तुझे न पा सकूंगा,
डर इस बात का है कही लुटेरा न बन जाऊ,

इस उम्र तक आने में कई लोगो ने है डसा,
इतने तोड़े विषदंत कही सपेरा न बन जाऊ,

26. मै बहुत बोलता हूं पर बहुत कम लोगों से

मै बहुत बोलता हूं पर बहुत कम लोगों से,
मै हार जाता हु जीत कर अपने ही लोगो से,

हां मुझसे रूठ जाते है अपने गैरो के खातिर,
वो अपने ही है तभी रूठे है अपने लोगो से,

नही गलती है उसकी जिसने तुम्हे बताया है,
वो शख्स तो है नही सच्चा अपने ही लोगो से,

पर मुझे क्यों हो रहा दुख सभी के बर्ताव का,
मै खुश होता हूं तो देखना मुश्किल है लोगो से,

खैर खुद खलल नही डालूंगा मै तेरी सोच में ,
तेरी सोच में दूसरे ख्वाब न आए और लोगो से!

27. ये ख्वाब मैं आखिर कैसे देख सकता हूं

तुम मुझे मिलो मैं तुमसे बात करू,

कुछ बातो में तुमसे रूठू,

कुछ में अपनी बात कहूं,

ये ख्वाब मैं आखिर कैसे देख सकता हूं,

मैं तुम्हे सोच सकता हूं, मैं तुम्हे सोच सकता हूं!

सुनो मुझसे ज्यादा उम्मीद मत रखना,

रखना कभी तो मेरे कांधे पे सर रखना,

और कह देना जो कुछ भी तेरे दिल में आए,

मैं तेरी लटो को उंगलियों से सुलझाऊं,

हर तमन्ना हर आरजू मैं तुमको बतलाऊं,

समझाऊं कैसे , जाग कर , हर सुबह ये सपना है,

चलो खुश हूं की तेरे साथ कोई अपना है,

तेरा जिक्र किसी के साथ सुनकर,

खुशी कैसे सोच सकता हूं,

ये ख्वाब मैं आखिर कैसे देख सकता हूं!

मैं तो सिर्फ तुम्हे सोच सकता हूं!

28. तुम तो हो सपना कोई

हम तुम्हे ही क्यों है चाहे तुम तो हो सपना कोई,
क्यों तुम्ही में बहना चाहे तुम हो क्या झरना कोई!

मैं तो हूं बस शून्य जैसा तुम हो उसका एक अंक,
क्यों मुझे है ख्वाब आया तुम हो क्या कल्पना कोई!

मेरा यूं तुम्हे याद करना और तेरा बस मुझसे रूठना,
इससे मुझे ये सवाल आया तेरा है क्या अपना कोई!

है मुझे भी ऐसा कुछ डर की मैं कही तुझे खो न दू,
उसका विवाह-पत्र आया मुस्किल है क्या पढ़ना कोई!

मेरा दिल भी अब तो बस सिर्फ तेरी राहें ही तकता है,
हर वर्ण में तेरा याद आना आसान है क्या लिखना कोई!

29. खुद को खोकर जो तुझे है पा लिया हमने

खुद को खोकर जो तुझे है पा लिया हमने,
कई बुरी आदतों को है अपना लिया हमने,

दुनिया में कई मगर तुम हो पुष्प की तरह,
तभी भवरों को दिल से अपना लिया हमने,

लाजमी है तुमको नही है गम बिछड़ने का,
तेरे लिए ये गम खुशी से अपना लिया हमने,

अब बहुत सुन लिए तेरे ताने बाने गाने सब,
तभी सुनाने का हुनर है अपना लिया हमने,

सिर्फ तू ही खुश नही मेरी हार के जलसे में,
इस हार से दुश्मनों को अपना लिया हमने!

30. बदिसे भी खाक है, मौके भी हजार है

बदिसे भी खाक है, मौके भी हजार है,
नकाब भी खुला हुआ, हम भी तेरे साथ हैं,

कौन सा बाहाना, जो तुम्हे है बनाना,
यही थी तमन्ना, कुछ यूं है बताना,

चादर की तरह हमने भी तुझे ओढ़ा था,
बुराइयां थी तुझमें मगर खुद को भी मोड़ा था,

अभी याद आया ना हो तो कहो,
मेरी तरह जख्मों को तुम भी सहो,

मेरे एक एक शब्द में तेरे होने का अफ़सोस होगा,
शायद तेरा भी शर्म के आंसुओ से 'अभिषेक होगा!

31. हर गीत विज्ञान बन जाने को है

सादगी ढूंढते थे हर किसी चेहरे में हम,
तुझे हमने क्या देखा सब गुण भूलने को है!

हर शख्स नहीं सच्चा हर आइना है एक भ्रम,
हमने तुझे देखा तो भ्रम सच हो जाने को है!

हर शब्द सदैव न सार दे हर गीत में न होते सुर,
मगर तेरी लगन में हर गीत विज्ञान बन जाने को है!

नदिया मुड़के भला करे सागर न करे कोई श्रम ,
फिर भी परिश्रम भूलकर सागर में मिल जाने को है!

प्रकृति समेटे सबको जैसे चंदा निर्भर रवि पर,
मगर प्यार के लिए मेहबूब शशि बन जाने को है!

32. क्या समझ रखा है की सिर्फ तुम ही चांद हो

क्या समझ रखा है की सिर्फ तुम ही चांद हो,
मत इतराओ ढूंढ लेंगे सिर्फ तुम नही चांद हो,

और बड़े अच्छे लगते हो कहा होगा कभी मैने,
झूठा चुनावी दावा कहते हुए बहुत सुना है मैने,

अरे क्या तेरे बात नही करने से मै मर जाऊंगा,
ज्यादा से ज्यादा टूटेगा फ़ोन या मै सो जाऊंगा,

बहुत याद आओगी तो तस्वीरें देख लूंगा तेरी,
दुख क्या दूसरे शख्स में सूरत मान लूंगा तेरी,

मेरी फिक्र करने में अपना समय मत लगाना,
जब पहले नहीं किया तो अब क्या जुठलाना,

तेरे जैसे गुजरते हैं राह पर मैं नहीं देखता हूं,
क्या देखना अब मैं तो तेरी कहानी बेचता हूं!

33. हमने उड़ना है चुना

वो जो हमपे उठे थे कभी सवाल सारे,
जब खुद पे आई तो मौन रहे वहीं सारे,

अब बन चले है समंदर किनारे की तरह,
कि जैसे नाव ने धरे हो यादों के रूप सारे,

हर पग में है कांटे तो हमने उड़ना है चुना,
क्या पता था नभ में भी आशिक है तेरे सारे,

लाज़िम है उनको भी नसीब नहीं हुआ तू,
मैं शफ में हू कर रहे यहां से दीदार तेरा सारे,

जब अपनी मोहब्बत के अज़ाब झेले,
तो फिर समझे हां हमारी मनसब सारे,

हर जोड़ हर धागा जो झूठ से था बुना,
देर से समझे पुर-कशिश के तेरे जाल सारे,

इल्तज़ा है हम में से तू कोई भी कंगन चुने,
वक्त के मनिहार से टूट रहे है यहा हम सारे!

34. सादगी से जिए जाते गवाएं है तुमने कल

ना किया कोई छल न निकाला तुमने हल,
सादगी से जिए जाते गवाएं है तुमने कल,

यहां कौन अपना ना यहां हम है किसी के,
अंकुरित कर द्वेष है न सोचा है हमने फल,

ना पेड़ो को रखा ना सोचा परिंदो को हमने,
प्रकृति करती रुदन रुद्र को कैसे चढ़ाए जल,

झंकार झिझकर झुंझलाती झुकना नहीं मंजूर,
धारणा धरा ने धारी है नही चलेगा कोई छल,

अब न कोई मरता हैं भूखे रहने के कारण से,
व्रत रोजे और अनशन में गरीब का खोया दल,

वाजिब विरोध विविध विषयों पर आवश्यक है,
स्वीकृती अंत में हो सबकी न कोई दिखाए बल,

35. फारिक हुए तेरे दिल से बड़े शुखन से

फारिक हुए तेरे दिल से बड़े शुखन से हम रकीब,
तेरे जुल्मों की मिसाल दूंगा फक्र से जैसे मै नकीब,

उम्मत मेरे कांधे को समझता है सहारा औरों का,
हर्फ सिल जाते है जब अपने ही लगाते ये तरकीब,

कुछ रिवायत झूठी ही है कुछ अंजुमन ही है बागी,
रिश्ता खानाबदोश रहा पर दिल में रखा उसे करीब,

इल्जाम लगेंगे मुझपर और सिर्फ मुझपर ही क्यों,
फैसला होगा तो ईमान का क्या अमीर क्या गरीब!

36. सफर

मैं निकला तो हू सफर पर मगर ये दिल थक चुका है,
वो अभी देख रही थी लगता है उसका मन भर चुका है,

शायद उसकी थकान है जिसने उसका रुख बदला है,
शायद मेरी थकान है जो दर्शन का तूफान थम चुका है,

आधी रात हो चुकी है उसने अब जगह भी तो बदली है,
खिड़की से चांद उसने देखा मुझे वो उसमे दिख चुका है,

इसी बीच मेरे एक पुराने यार का एक संदेश आया है,
किसे परवाह दिल तो रेल की चाल के संग चल चुका है!

37. मेरा लिखा सब पढ़ते है मगर तुम सुन लेना

मेरा लिखा सब पढ़ते है मगर तुम सुन लेना,
कभी मिलना न मिलना मगर याद कर लेना,

क्या नुमाइश चल रही दौलत की तुम्हारे यहां,
जमाना आगे है मुझसे तुम मेरे साथ हो लेना,

आधे सफर में तुम रास्ता बदलना चाहती हो,
रास्ता बदलना तो बदलना पर राही चुन लेना,

हां बादलों में भी पानी के अलग रूप होते है,
तुम बूंद बनके बिछड़ना या तो मेघ चुन लेना!

38. गिनती

एक तिनका है काफी किसी पंछी के लिए,
तुम मिले इतना कम मुझको,
कही मै पंछी तो नही,

दो सरफरोश है तुझपर एक जमाना एक मैं,
क्या देखा बेजान मूरत में सबने,
कहीं दोनो पागल तो नही,

तीन लफ्जों में तुमने है सबकुछ किया बयां,
ऐसा होगा कभी न मैने सोचा,
कही मेरे कान खराब तो नही,

चारों ओर तुम ही मुझे दिखते रहते हो क्यों,
शायद मै ज्यादा ही हूं व्यस्त,
कहीं मैं तेरी परछाई तो नही,

पांच मिनट मुझे बहुत तुझे भूलने के लिए,
दावा शायद झूठा कर दिया,
कहीं मैं नशे में तो नहीं,

छ: माह गुजरे तेरी खबर न आई मुझतक,
हां मैने भी न पता किया तेरा,
कही मैं मरा तो नही,

सात फेरे ले लिए तुमने ये मैने सुना कल,
हो मुबारक तुम्हे खुशियां तमाम,
कही ये खबर झूठी तो नही,

आठ पहर नींद ने दमन नही छुआ मेरा,
दिल दुखने पर नींद नही आती,
कही मेरे पास दिल तो नही,

नौका अब कूच कर रही जीवन सागर में,
तुम भंवर थी या लहर थी मेरे लिए,
कहीं मैं इनमे में डूबा तो नहीं,

दस्तखत सा कर दिया है अपनी सजा पर,
या तूने चुना है उसे या मैने दिया है,
कही तू बेवफा तो नही,

39. मैने हर शाम पुकारा है

मैने हर शाम पुकारा है ये बात तुम तक जाती होगी,
मेरी यादों से बेचैन होकर तुम नींद से जग जाती होगी,

मेरा इंतजार में रहना और उसके आने की राहें तकना,
मैं नहीं चकोर पर उसमे चांद की छवि आ जाती होगी,

उसका सुनना मेरी गजलो मेरे गीतों में उसका जिक्र,
ये झूठ सुनकर उसकी आंखों में बाढ़ आ जाती होगी,

मेरा कहना की मैं मेरी नजर से उसको निहारता हूं,
उसका कहना की फिर हमारी तस्वीर बन जाती होगी!

40. मैं खुद को क्या लिखूं खुद के बारे में क्या लिखूं

मैं खुद को क्या लिखूं खुद के बारे में क्या लिखूं,
मैं रूबरू हो लू पहले खुद से फिर तजुर्बा लिखूं,

ढूंढ रहा हूं दुनियां में एक कोना मेरे घर के लिए,
कारीगर ढूंढू या मैं जिम्मेदारियों का नक्शा लिखूं,

कवि बनता हूं अक्सर छुट्टियों के आ जाने पर,
नौकरी करू की रोटी पर गजल के मिसरे लिखूं,

अब सोचता हूं लिखदू ऐसा जो अमर हो जाए,
कल सोमवार है क्यों ना ये मैं फिर कभी लिखूं,

जी करता है निकाल फेंकू दिल की बेचैनी को,
जब बेचैनी ही न रहेगी तो क्या लिखूं क्यों लिखूं!

हे नारी!

41. हे नारी तुझको है नमन

संस्कृति सभ्यता का भार धारण किए,
लेकर रूप धरा का स्त्री जो सबका पोषण करें,
यूं तो हर मूल हर जीव में निवास है किए,
जीव क्षणभंगुर है वह अक्षय में आवास करें!

है पूजनीय है वंदनीय है सृष्टि में सर्वोच्च स्थान,
जिस पुरुष को प्राप्त हो रिश्तो में यह वरदान,
मात् रूप के दर्शन सम है स्वयं गंग स्नान,
नारी है सर्वोच्च शिखर पर देवों में अनुपम स्थान!

जन्म लेती है जन्म देती है,
इस जीवन में कितना कुछ सहती है,
नही छिपा है उसके संघर्षों का कोई व्याख्यान,
हर रूप है वंदनीय जैसे पूजा और अजान!

जिसने भी दिया है स्त्रियों को सम्मान,
पुरुष वो बन गए है मानव के लिए उपमान,
सम्मान के हो सकते है रूप कदाचित बहुत से,
कभी वात्सल्य तो कभी प्रेम कभी मित्रता के रूप में!

बहुतों ने है युद्ध किए सिर्फ नारी के अपमान के खातिर,
उनमें कुछ बलवान कुछ अभिमानी और निशाचर शातिर,
मगर ऐसे दुष्टों को सिर्फ रंगमंच में ही है दिखाते,
लोग अपने घरों में भी इनके नामो को रखने से है लजाते!

है स्वर्णिम गाथा इतिहासों में वीरांगनाओं से लिप्त,
फिर भी बुरी नजर वालो के है मस्तिष्क संक्षिप्त,
नारी जनन ही कर सकती है ये कुछ का है मत,
शायद दुर्गा काली के संहार का न देखा तप!

ये है विडंबना की नारी पर होते अत्याचार,
क्या बात कहोगे वर्तमान की इतिहास में है इसकी भरमार,
ऐसा नहीं की अबलो के घर सिर्फ स्त्री असुरक्षित है,
पांडव जैसे युद्ध शील उनकी भार्या सभा में तिरस्कृत है!

केशो को हाए रौंध दिया,
वसनो को हाए खीच दिया,
दिक्कार तुझे है दुशासन,
की नारी ने तुझको जन्म दिया!

रह गया ज्येष्ठ का धर्म धरा,
अर्जुन का गांडीव डोल गया,
जब अमर्यादित वचनों से पाप का सूरज बोल चला,
तुम स्वयं वासुदेव का है सुदर्शन है बढ़ चला!

चौसर के पासों से ये युद्ध है देखो बढ़ चला,
मृत्यु ने है कपाट खोले कृष्ण ने है दिया पता,
काल भी हो प्रसन्न बोला पांचाली को है शुक्रिया,
मानो दिगंबर ने है तांडव के शुरो का आगाज किया!

इतिहास है स्वर्णिम युद्ध से जो था नारी के अपमान का,
पर विधाता से कौन कहे की मृत्यु न बदलेगी यह प्रथा,
तब स्वयं धरा पे होकर भी तुमने न न्याय किया,
सिर्फ वसनो को है ढाल दी वचनों को खाली छोड़ दिया!

कपड़ो पर तो चुभते है आंखों के ही हथियार,
परंतु हृदय गति के सम चुभते है वचनों के अस्त्र हजार,
जीवन बीता हो जैसे की मानो शुलो की कोई बयार,
फिर भी ऐसे दोहराते कर्म है धरती में बसते कुछ गवार!

हे ईश क्या स्त्री को है सदैव पीड़ा को पीना,
कभी शारीरिक कभी मानसिक इसमें ही है जीना,
जब सर्वस्व आप है तो क्यों मात को बेड़ियों में पड़ा रहना,
जो स्वयं माता हो निर्माता की उसे क्यूं कैद में रहना!

क्या माता क्या संगिनी सबको तौला एक सामान,
शायद नारी थी इसलिए सहने पड़े उन्हें कष्ट तमाम,
उस सती सीता जिसको पवित्र कहता है संसार महान,
उसको मिला बनवास और मिथ्या दोषों का निर्मम जहान!

माना जीवन होता है चुनौतियों का काल,
परंतु इसी काल में मिलती पुरुषो को अनेकों ढाल,
हर नारी को देने होते है अनेकों अनेक प्रमाण,
चाहे पुरुष करे नई प्रथाओं का रोज निर्माण!

लोक लाज परिवार की अजमत होती है कन्या के कंधो पर,
पैदा होती है वह स्वयं कहलाती है परिवार की अजमत,
क्या पुत्रों को किया था पैदा सिर्फ पुत्र वधु लाने को,
ऐसा ही है ईश्वर तो कहदो पुत्रों को सिर्फ बेहाने को!

लड़के होते है अपने ये सोचता हैं क्यूं समाज,
ये वही पुत्र है जिन्होंने वृद्धाश्रम का किया आगाज,
हे सामाजिक कर्ताओं क्या पुत्री कम प्रिय होती है,
पुत्रों से ज्यादा सेवा करने वाली कैसे पराई हो सकती है!